DEJA DE LADO LOS MIEDOS

MW01169266

John Kirvan es autor y editor de numerosos libros, entre ellos: *Los inquietos creyentes*. Vive en el sur de California, donde escribe principalmente sobre espiritualidad clásica.

Esta obra contiene algunas traducciones de diferentes escritos de Catalina de Siena, en especial, de *El Diálogo*. Los textos han sido adaptados al español moderno y presentados en forma de oración.

30 días con un Gran Maestro Espiritual

Deja de lado los miedos
Amor y fe en la espiritualidad de Catalina de Siena

Abandónate en Dios
El caminito espiritual de Teresa de Lisieux

Libera tu corazón
La espiritualidad práctica de Francisco de Sales

La paz del corazón
Basado en la vida y enseñanzas de Francisco de Asís

30 días con un Gran Maestro Espiritual

Deja de lado los miedos

El amor y la fe en la espiritualidad de

Catalina de Siena

JOHN KIRVAN

SAN PABLO

Distribución San Pablo:

Argentina

Riobamba 230, C1025ABF BUENOS AIRES, Argentina. Teléfono (011) 5555-2416/17. Fax (011) 5555-2439. www.sanpablo.com.ar – E-mail: ventas@sanpablo.com.ar

Chile

Avda. L. B. O'Higgins 1626, SANTIAGO Centro, Chile. Casilla 3746, Correo 21 - Tel. (0056-2-) 7200300. Fax (0056-2-) 6728469. www.san-pablo.cl – E-mail: spventas@san-pablo.cl

Paraguay

Víctor Haedo 522, ASUNCIÓN, Paraguay. Teléfono: (00595) 21-446-565. Fax: (00595) 21-447-617. E-mail: sanpabloasuncion@paulus.net

Perú

Armendáriz 527 – Miraflores, LIMA 18, Perú. Telefax: (51) 1-4460017 www.sanpabloperu.com.pe – E-mail: dsanpablo@terra.com.pe

Kirvan, John
   Deja de lado los miedos: el amor y la fe en la espiritualidad de Catalina de Siena / por John Kirvan - 1ª ed. 7ª reimp. - Buenos Aires: San Pablo, 2013.
   208 p. ; 16x12 cm.
   ISBN: 978-950-861-510-7
   1. Vida Cristiana II. Título
CDD 248

Título original: *Set Aside Every Fear*

Con las debidas licencias / Queda hecho el depósito que ordena la ley 11.723 / © SAN PABLO, Riobamba 230, C1025ABF BUENOS AIRES, Argentina. E-mail: director.editorial@san-pablo.com.ar / © original de AVE MARIA PRESS INC., Notre Dame, Indiana, USA / Impreso en Talleres Gráficos D´Aversa e hijos S.A., Vicente López 318/24, B1878DUQ Quilmes, Buenos Aires, Argentina en el mes de marzo de 2013 / Industria argentina.

Catalina de Siena

Teniendo a Dios como amigo,
vivirás en la luz de la fe,
con esperanza y fortaleza,
con verdadera paciencia y perseverancia,
todos los días de tu vida.
Nunca estarás solo,
y nunca temerás a nadie ni a nada,
porque encontrarás tu seguridad en Dios.

CATALINA DE SIENA.

Como en una especie de fusión entre la historia y la leyenda, Catalina de Siena:

– Nació en 1347, la hija número veinticuatro, de una familia bastante acomodada de mercaderes.

– A los seis años, y luego a los siete, tuvo visiones de Jesús, y se comprometió a solas con él para siempre. Durante los siguientes seis años, vivió voluntariamente el ayuno, la soledad, la oración, las privaciones y flagelaciones, dejando el hogar sólo para participar de la misa.

– A los doce años, edad de casarse, hizo vida social por un tiempo. Pero cuando su familia le eligió un marido conveniente, ella les comunicó su compromiso espiritual y se rapó, como signo de su determinación.

– Catalina perseveró hasta que, por fin, aun de mala gana, fue admitida a un grupo de mujeres laicas, viudas, que usaban el hábito blanco y negro de los dominicos, que hacía ya mucho tiempo que la había cautivado.

Se retiró a su habitación durante tres años, viviendo en contemplación y soledad.

A sus jóvenes veinte años, sintió que el amor de Dios no puede separarse del servicio a los hermanos y dejó su soledad, haciéndose presente en las calles y asistiendo a los enfermos de la ciudad.

En los años siguientes, Catalina asumió el ministerio en favor de los presos, y esto hizo de ella una presencia familiar y deseada en las cárceles y en los lugares de condena. Se convirtió en una "madre" para una multitud de seguidores, ancianos y jóvenes, laicos y religiosos, que acogieron gustosamente su liderazgo y su guía espiritual.

Catalina también ejerció su innata habilidad de ser mediadora, primero en disputas locales, luego regionales, y finalmente ante las cortes papales de Roma y Avignon, y por invitación papal, trabajó por unificar esta división en la Iglesia.

Deja de lado los miedos

Dictó cientos de cartas a los líderes de la Iglesia y a los políticos, así como a muchas personas, ensalzando, reprendiendo, urgiendo, demandando, instruyendo, y consolando.

– Durante estos años, compuso y dictó una obra extraordinaria, *El Diálogo*, una síntesis de su teología, de su espiritualidad, de sus asuntos pastorales y de sus convicciones. Fue la primera mujer cuya obra se publicó en uno de los dialectos italianos.

Y a los treinta y tres años, Catalina de Siena murió.

Con semejante historia, es fácil comprender por qué los biógrafos y escritores espirituales, tan a menudo, han sacrificado, la mujer y la mística, para relatar una historia dramática y sensacional.

Se tiene la impresión de que estamos frente a una mujer concentrada en un solo propósito, de voluntad recia, (¿obstinada?), que, desde su más tierna edad, supo exactamente lo

9

que quería y lo que Dios quería de ella. No hay ninguna evidencia de que ella cambió de parecer sobre muchas cosas, y está claro que los "acomodos", no eran para ella algo muy virtuoso. Fue dotada de una gran creatividad y, contrariamente a las expectativas y a las costumbres, vistió el hábito de una orden religiosa sin dejar el hogar de sus padres para vivir en el convento. Ella habrá buscado fuertes directores espirituales, pero nunca se sometió a una madre superiora. En cambio, se rodeó de un fuerte clero, religiosos, laicos, en su mayoría hombres. Pero ni los más diversos huéspedes, ni los criminales callejeros, ni los mismos papas la intimidaron. Si acaso le habían enseñado que la mujer es inferior, obviamente no lo tuvo en cuenta.

Una historia personal puede así convertir a Catalina de Siena en una extraordinaria y fascinante figura, pero también terriblemente distante, cuyas experiencias de vida tienen muy poco que decir a la humanidad. Se pueden referir algunos aspectos críticos de su temprana espiritualidad, que no son imitables y ni siquiera deseables, que son fuera de lo común hasta el punto de llegar a ser grotescos, y muy lejanos de nuestra sensibilidad. Llegarían, incluso, a convertirse en ejemplos de esas cosas que han dado a la vida mística un mal nombre. Se pueden presentar, a nuestros ojos, como logros más neuróticos que humanizantes, fácilmente desechables para los buscadores del siglo veintiuno, como aberraciones espirituales del siglo catorce. Muchos lectores abandonarían ante esto.

El objetivo de este pequeño libro no es resolver estas cuestiones, pero sí dejar detrás y lejos lo insólito y dramático, para acceder a lo más profundo que aflora en su juventud, para dar fuerza y dirección a sus extraordinarios últimos años.

Para esto, hemos elegido una docena de las posibles imágenes que Catalina utilizó para hablar de la vida espiritual. Aquí, nos centraremos en la imagen del río y del puente, ese río que muchos de nosotros recorremos pesadamente, des-

11

animados; y ese puente construido sobre el río como salida de salvación. Y hemos elegido para poner de relieve el tema más central de sus intuiciones interiores y de su trayectoria como una figura del mundo: la inseparable unidad entre el amor de Dios y el servicio a la humanidad.

Dentro de la estructura de este libro, hemos reflejado su gran percepción de que Dios ciertamente nos habla, y de que la vida espiritual, en última instancia, es un diálogo de amor entre Dios que es y nosotros que no somos nada sin Dios.

Cómo orar con este libro

El objetivo de este libro es abrir una puerta, para acceder a la experiencia espiritual y la sabiduría de una de las mujeres más extraordinarias: Catalina de Siena.

Por lo tanto, no es un libro de mera lectura. Es una invitación a meditar y a orar sus palabras por un período de treinta días, y para entrar en la oración de un modo especial: a través de la original visión de las experiencias intuitivas de Catalina, su diálogo con "la Dulce Verdad".

Es un libro guía para una clase especial de camino espiritual.

Antes de leer las "reglas" para emprender este camino, recuerda que este libro intenta liberar tu espíritu, no limitarlo. Si algún día, la meditación no te resulta apropiada, vuelve a cualquier otro punto para encontrar un pasaje que te parezca que entona más con tu ánimo de ese día, y con tu alma. No dudes en repetir un día cuantas veces te parezca, hasta que sientas que has descubierto aquello que el Espíritu tiene para decirte, a través de las palabras de la autora.

Aquí hay algunas sugerencias sobre cómo usar este libro. Se basan en las tres formas de oración centrales para la tradición espiritual de Occidente: lección, meditación y petición. El autor del clásico *La nube de lo desconocido* ha escrito que "deberían mejor llamarse lectura, reflexión y oración. Estas tres están tan estrechamente ligadas, que no se puede aprovechar la reflexión, sin haber primero leído o escuchado algo al respecto. Así tampoco, ni los principiantes, ni los más aventajados en las cosas espirituales, pueden llegar a tener verdadera oración si antes no se toman el tiempo necesario para reflexionar sobre lo que han oído o leído".

Para estos treinta días hay lecturas diarias para el comienzo del día, tomadas de los escritos de Catalina. Luego, sigue una meditación en forma de "mantra". Y, por último, hay un ejercicio para terminar el día en un lugar tranquilo y oscuro,

Deja de lado los miedos

donde puedas entrar en el silencio, y meditar con una oración final.

Pero estas formas y sugerencias no deben condiconarte; deja que el Espíritu te conduzca.

Cuando comienzas tu día

Al principio del día, búscate un momento de serenidad en un lugar tranquilo, para hacer la lectura fijada para el día.

El texto es corto; nunca se pasa de las cien palabras, que han sido cuidadosamente elegidas para darte un foco, un centro espiritual para toda tu jornada. Han sido pensadas para recordarte cómo comienza otro día de tu existencia, en el plano espiritual. Se han creado para ponerte en la presencia de tu guía espiritual, que será tu compañero y maestro en este viaje. Las lecturas transcriben las palabras que Dios le comunicó a

Catalina, la parte de Dios en el diálogo. Y dado que el texto quiere recordarte que en todo momento estás en la presencia de un Dios que invita, continua, pero suavemente, a vivir en y por él, ¿qué mejor medio que las palabras del mismo Dios?

De todos modos, no te desanimes si no comprendes del todo la lectura. No te sorprendas si no entiendes nada. Hemos trabajado arduamente para facilitar el acceso a su texto original, pero las palabras de los grandes místicos, como Catalina, pueden ser consideradas durante toda una vida, sin llegar a la comprensión total a su riqueza. Pero no es importante el "entender"; lo que vale es la respuesta del corazón. Estas lecturas recogen parte de la misteriosa experiencia de la vida de Catalina, como entradas, entre nubes, en la mente de Dios. Salvo el día treinta, en estos textos, es Dios el que habla. Puede ser que te tome tiempo, tal vez un tiempo largo, el sentirte a gusto con estas lecturas. Pero, en este programa de treinta días, estás invitado a hacer sólo lo que puedas, a hacer una experiencia en

Deja de lado los miedos

el Espíritu según tu propio tiempo y según tu paso. El esfuerzo requerido puede llegar a ser cansador, pero también, muy gratificante.

Un aviso: procede despacio. Muy pausadamente. Los textos han sido separados en renglones con sentido, para ayudarte. No leas para llegar al final, sino para saborear cada palabra, cada frase, cada imagen. No es necesario decir nada antes de tiempo ni avanzar de prisa, en el caso de que una frase corta, o una palabra, impulse a tu espíritu a dar una respuesta. Dale una oportunidad a Dios. Al fin de cuentas, no estás simplemente "leyendo" estos textos, los estás "orando". Estás estableciendo un camino espiritual para todo el día. ¿Por qué ir de prisa?

A lo largo de tu día

A continuación de la lectura del día, encontrarás una única frase que llamamos "mantra", palabra tomada de la tradición hindú. Esta frase está hecha para acompañarte espiritualmente, durante una jornada de ocupaciones. Escríbela en una tarjeta de 8 por 15 cm o en la página más apropiada de tu agenda. Mírala todas las veces que puedas. Repítela despacio para ti mismo y continúa tus tareas.

No es para que dejes tus obligaciones o para distraerte de tus responsabilidades. Es simplemente para recordarte que estás en la presencia de Dios y que tienes el deseo de responder a ella.

Puedes llevar contigo este texto mántrico de la lectura diaria, de modo que lo que significa para ti penetre profundamente tu imaginación. Resiste el impulso de analizarlo para encontrarle un sentido pleno y claramente racional; un mantra no es una idea. Es una manera de conocer a Dios que refuerza el sentido de que el objeto de nuestra búsqueda es inmensamente misterioso.

Al finalizar el día

Es el momento de dejar el día, para entrar en el mundo de la oración.

Te sugerimos que elijas un lugar tranquilo y oscuro, al que puedas volver al terminar cada día. Allí, la primera cosa que debes hacer es tranquilizar tu espíritu. Siéntate o arrodíllate, ... lo que más apacigüe tu alma. Respira hondo. Inhala, exhala, despacio y conscientemente, una y otra vez, hasta que sientas que te has distensionado.

Luego, con la menor luz posible, realiza el ejercicio de la tarde lentamente, frase por frase, deteniéndote donde más te guste.

Si de pronto te das cuenta de que estás cuestionando, analizándolo, tratando de interpretar sus significados y objetivos, no te sorprendas. Simplemente, comienza otra vez por aquietar tu mente y liberar tu imaginación. Trata de dejar de lado, todo aquello que, consciente o inconscientemente, está entre tú y Dios.

Este ejercicio debe durar unos pocos minutos. Finalízalo cuando mejor te resulte. Tiene dos partes. La primera, en relación con el modelo de Catalina, es una respuesta personal a las palabras de Dios en la lectura del día. Así como Dios te ha hablado, tú le hablas. La segunda es una invitación a sintonizar con la familiaridad de una oración basada en las propias palabras de Catalina. Es un acto de fe y confianza, un entrar en un sueño pacífico, una simple oración de la tarde que concentra el carácter espiritual del día que está terminando como comenzó: en la presencia de Dios.

Es un momento de síntesis y cierre.

Ruega a Dios que te abrace con amor y te proteja durante la noche.

Duerme bien.

Algunas maneras de usar este libro

1. Úsalo como te lo sugiera tu espíritu. Pasa por alto un pasaje que no te resulte adecuado en un día determinado, o repite, un segundo día o varios días, un texto que te resulte más rico. Las verdades de la vida espiritual no se absorben en un día; ni siquiera, a lo largo de toda la vida. Tómate, pues, tu tiempo. Ten paciencia con el Señor. Ten paciencia contigo mismo.

2. Toma dos pasajes o sus mantras correspondientes –cuanto más contrastantes mejor–, y considéralos juntos. Emplea tiempo en descubrir cómo sus similitudes y diferencias iluminan tu senda.

3. Comienza un diario espiritual para archivar y profundizar tu experiencia de este caminar de treinta días. Utilizando, ya sea el mantra u otra frase de la lectura, que te haya impactado, escribe una relación de tu día, una reflexión espiritual. Crea tu propia meditación.

4. Únete a millones de personas que buscan profundizar su vida espiritual, reuniéndote con otros, con quienes puedas formar un pequeño grupo. Mucha gente está haciendo esto, para fortalecerse unos a otros en su búsqueda mutua. Encuéntrate con ellos una vez a la semana, o, al menos, una vez cada dos semanas, para compartir y rezar sobre alguna de las meditaciones. Hay muchos libros y guías disponibles que ayudan a formar un grupo valioso.

Treinta días con Catalina de Siena

Día uno

Mi día comienza

DIOS HABLA...

Si me eliges por amigo,
no estarás solo;
mi amor estará siempre contigo.

Nunca temerás a nadie ni a nada,
porque encontrarás tu seguridad en mí.

Conmigo como amigo
vivirás en la luz de la fe
con esperanza y fortaleza,
con verdadera paciencia
y perseverancia,
todos los días de tu vida.

Yo te he amado antes de que existieras;
sabiendo esto
puedes poner tu confianza en mi amor
y dejar de lado
todos los miedos.

Goza de mi amor,
vive en mí
y recibe la luz de mi sabiduría.

Haz frente a los príncipes
y tiranos de este mundo
con mi fortaleza.

Toma de mí el fuego de mi Espíritu
y comparte con todos mi misericordia
y mi ardiente amor.

No estás solo.

Me tienes a mí.

A lo largo del día

Me tienes a mí.

Deja de lado los miedos

Mi día está terminando

Yo RESPONDO...

Sé tú mi amigo
en la oscuridad de esta noche.

Con tu fortaleza
puedo hacer frente
a los príncipes y a los tiranos
de este mundo.

Que yo pueda
tomar el fuego de tu Espíritu
y compartir con todos
tu misericordia
y tu ardiente amor.

Me has amado
aun antes de que yo existiera,
y sabiendo esto
puedo confiar en tu amor
y dejar de lado todos los miedos.
Amén.

Día dos

Mi día comienza

Dios habla...

El único modo de saborear mi verdad
y de caminar en mi refulgente luz,
es por medio de la oración humilde y constante,
de la oración que arraiga
en el conocimiento de ti mismo y de mí.

Orar así es caminar
siguiendo las huellas de mi Hijo,

uniendo tu alma conmigo por el deseo y el amor,
dejando que yo haga de ti
una imagen de mi ser.

Mi Hijo dijo:
"Si alguno me ama, guardará mi Palabra,
y mi Padre lo amará, y vendremos a él
y haremos morada en él" (Jn 14, 23).

Conozco una servidora mía
que fue ensalzada en la oración.

Yo no le encubrí el amor que tengo a mis siervos;
antes bien, se lo he manifestado claramente.

Entre otras cosas, suelo decirle:
"Abre los ojos de tu inteligencia contemplándome
y verás la belleza de tu humanidad,
toda esa belleza con la cual he dotado a tu alma,

creándote a mi imagen y semejanza.

Te he revestido con la prenda nupcial del amor;
te he adornado con muchas virtudes,
con las cuales te unes a mí por el amor.

Y aun te digo más,
si me preguntaras quién eres, te respondería:
en cuanto hayas abandonado
y renunciado a tu propia voluntad,
y te hayas revestido de la mía, eres como otro yo".

Es verdad, por cierto, que tu alma
se une conmigo a través de los actos de amor,
fundados en la verdad
y nutridos en una humilde y constante oración.

A lo largo del día

Tú eres como otro yo.

Mi día está terminando

Sé tú mi amigo en la oscuridad de esta noche.
Abre mis ojos
y permíteme contemplarte,
de tal modo que yo pueda ver
lo bella que has creado
mi humanidad.
Tú me has creado a tu imagen.

Que yo camine
siguiendo las huellas de tu Hijo,
uniéndome contigo
en el deseo y en el amor.

Me has amado
aun antes de que yo existiera,
y sabiendo esto,
puedo confiar en tu amor
y dejar de lado
todos los miedos.

Día tres

Mi día comienza

DIOS HABLA...

Me has preguntado
no sólo acerca del sufrimiento,
sino también
acerca de la determinación
de conocerme y amarme
como la Verdad suprema.

Escucha esto:
para adquirir un perfecto conocimiento
y goce de mí, verdad eterna,
es preciso que nunca dejes de lado
el conocimiento de ti mismo.

Será humillándote
en el valle de la humildad,
que podrás conocerme y conocerte
y de este conocimiento,
obtendrás todo lo necesario.

En el propio conocimiento
te haces humilde,
llegas a darte cuenta
de que ni siquiera existes,
por ti mismo.

Deja de lado los miedos

Toda criatura, debes comprenderlo, proviene de mí.
Yo te ha amado a ti y a todas mis criaturas
antes de que existieran.

Más aún, por el inefable amor que te tengo,
te he recreado por la gracia.

Te he lavado en la sangre que mi Hijo unigénito
ha derramado por el amor ardiente que te tiene.

Un conocimiento propio con estas características,
disipará las nubes de un amor egoísta.

Sin la humildad que nace del propio conocimiento,
no puede haber ninguna virtud.

Porque la humildad es la base de la caridad
y de todas las virtudes.

A lo largo del día

La humildad
es la madre de la virtud.

Deja de lado los miedos

Mi día está terminando

YO RESPONDO...

Sé tú mi amigo
en la oscuridad de esta noche.

Borra el miedo
que me produce el saber
que por mí mismo,
ni siquiera existiría.

Fortaléceme interiormente
con la humildad
que nace de admitir esto,
que es la base de la caridad
y de todas las virtudes.

Sin admitir esta sabiduría,
mi alma no tiene vida.

Tú me has amado
aun antes de que existiera,
y sabiendo esto,
pongo mi confianza en tu amor
y dejo de lado
todos los miedos.

Amén.

Día cuatro

Mi día comienza

Dios habla...

Quiero que sepas que toda virtud
y toda falla implican al prójimo.
Cualquiera que no ama a su prójimo,
que no lo ayuda, que no ora por él,
se injuria a sí mismo.

Porque aislarte del prójimo
es aislarte de la gracia.

Si no me amas
no puedes amar a tu prójimo,
y excluir de tu alma mi amor
y el del prójimo,
es hacer el mal.

El amor por mí
en forma de oraciones y deseos
en nombre de los demás
es una deuda que tú debes a tus prójimos.

Tú estás obligado
a ayudar a los otros
con la palabra y en la verdad,
con el ejemplo de las buenas obras,

Deja de lado los miedos

y respondiendo
de todas las maneras que puedas,
a sus necesidades.

Cuida de ellos como cuidas de ti mismo,
desinteresadamente.

No amar al prójimo
privándolo del bien que le debes,
es injuriarlo,
es hacerle el mal.

Esta es una deuda que tú tienes
con todas las personas,
pero especialmente
con aquellas que están más cerca.

A lo largo del día

**El amor es un deber
que tienes con todos.**

48   Deja de lado los miedos

Mi día está terminando

YO RESPONDO...

Sé tú mi amigo
en la oscuridad de esta noche.

Has amado a mis prójimos
con el mismo amor
con que me has amado a mí.

Que yo no los olvide en esta noche,
sino que los tenga presentes,
tan desinteresadamente como a mí mismo.

Excluirlos de mi vida,
es lo mismo que excluir tu gracia,
es como excluirte a ti.

Tú me has amado
aun antes de que yo existiera,
y sabiendo esto,
pongo mi confianza en tu amor
y dejo de lado todos los miedos.
Amén.

Deja de lado los miedos

Día cinco

Mi día comienza

DIOS HABLA...

El amor a mí
y el amor al prójimo
son inseparables.

En el grado en que me amas,
es así como amas a tu prójimo,
porque el amor del prójimo viene de mí.

Es un don que yo te hago.

Es a través del amor del prójimo
que yo suscito en ti,
que tu virtud crece.

La prueba de que tú me tienes,
es que nutres mi amor
en el alma de tu prójimo,
orando constantemente por él,
deseando mi gloria
y la salvación de su alma.

Enamorado de mi verdad,
nunca debes dejar
de servir a mis hijos,
en sus necesidades particulares.

A algunos los ayudarás con palabras,
a otros con el ejemplo de tu vida.

Deja de lado los miedos

A unos les mostrarás
una determinada virtud,
a otros, otra cosa.

Hay muchas moradas en mi hogar,
pero sólo el amor
hará posible la entrada,
el amor por mí,
que se hace más rico
cuando amas a tus prójimos.

No importa cuál sea tu estado de vida;
lo que sí es cierto,
es que sólo uniéndote a mí en el amor,
tú puedes amar
y servir a tu prójimo.

A lo largo del día

Ámame y amarás a tu prójimo.

Mi día está terminando

Sé tú mi amigo
en la oscuridad de esta noche.

Esta noche comienza recordándome
que sólo puedo poseerte
si hago crecer el amor por ti
en el alma de mi prójimo.

Escucha mis oraciones por él.

Que esto no termine con el paso de esta noche,
sino que sea parte de todos los días,
aun en medio de mis ocupaciones,
de toda oración que rece.

Tú me has amado
aun antes de que yo existiera,
y sabiendo esto,
pongo mi confianza en tu amor
y dejo de lado todos los miedos.

Amén.

Día seis

Mi día comienza

DIOS HABLA...

Tus prójimos te demostrarán
tu verdadero carácter.

En los buenos,
ellos hacen salir el bien;
en los malos, el mal.

El orgulloso no puede
herir a una persona verdaderamente humilde.

Tampoco el incrédulo
puede hacer tambalear
la fe de alguien
que verdaderamente cree.

Su falta de fe
no puede disminuir la tuya;
antes bien, se verá fortalecida
si tu corazón
está arraigado en mi amor.

Del mismo modo,
la paciencia, la benignidad,
la bondad,
si son reales y verdaderas,
florecerán en el lugar de la envidia de otros,
de la ira, del fastidio, del odio.

Deja de lado los miedos

Ciertamente, es a menudo verdad,
que tu virtud no es probada
sólo cuando devuelves
bien por mal, sino cuando tú respondes
al odio y al rencor
que anida en otro corazón,
con las brasas de tu propio amor ardiente,
que extinguirá su odio.

El bien puede vencer un mal
al cual tú respondes
con amor y paciencia,
con fortaleza y perseverancia,
con resistencia frente a aquellos
que quieren apartarte de mi amor.

A lo largo del día

La virtud es para dar testimonio.
Responde al mal
con el amor y la paciencia.

Deja de lado los miedos

Mi día está terminando

Sé tú mi amigo
durante la oscuridad de esta noche.

Haz que el bien venza los males
que he encontrado en este día,
y que me esperan mañana.

Enséñame
en el silencio de esta noche,
cómo enfrentarme a ellos,
con amor y paciencia,
con fortaleza y perseverancia.

Que mi amor por ti
me haga capaz
de resistir frente a aquellos
que quieren apartarme de tu amor.

Tú me has amado
aun antes de que yo existiera,
y sabiendo esto,
pongo mi confianza en tu amor
y dejo de lado todos los miedos.

Amén.

Día siete

Mi día comienza

DIOS HABLA...

El "hambre" humana es insaciable;
mucho más que el ingenio de la tierra
es necesario para satisfacerla.

Te he puesto sobre todas las criaturas
y no por debajo de ellas,
y por lo tanto,
tú no puedes estar satisfecho

si no es con algo
más grande que tú mismo.

No hay nada más grande que tú,
salvo yo, eterno Dios.

Yo solo puedo satisfacerte.

Por el pecado y la culpa,
puede suceder que tú mismo
te prives de este gran bien,
en constante tormento y dolor,
llorando por lo que has perdido.

El amor propio es un árbol
en el que sólo crecen
frutos de muerte:
flores muertas, hojas secas,
ramas torcidas,

Deja de lado los miedos

y su tronco golpeado
por toda clase de vientos.

Ustedes son todos árboles
hechos para amar.

Sin amor no pueden vivir,
porque han sido creados
por mí para el amor.

Los que son virtuosos,
plantan sus árboles en la humildad,
los pecadores, en el orgullo.

Los árboles mal plantados
no pueden dar frutos de vida,
sólo de muerte.

A lo largo del día

Tú has sido creado para el amor.

Deja de lado los miedos

Mi día está terminando

Sé tú mi amigo
en la oscuridad de esta noche.

Luego de un día lleno de necesidades y deberes,
en el que me ha sido posible pensar sólo en mí,
recuérdame, en este momento de serenidad,
que tú me has creado para el amor,
tú, el único más grande que yo mismo.

Corta el árbol del amor propio,
en el que sólo crecen frutos de muerte,
flores muertas, hojas secas, ramas torcidas,
y un tronco golpeado por toda clase de vientos.

En lugar de eso, planta el amor por ti.
Tú me has amado
aun antes de que yo existiera,
y sabiendo esto,
pongo mi confianza en tu amor
y dejo de lado todos los miedos.

Amén.

Día ocho

Mi día comienza

DIOS HABLA...

Si verdaderamente
amas a tu prójimo,
sentirás dentro de ti
el fuego de mi amor,
porque el amor por el prójimo
crece por mi amor,
por el reconocimiento de mi bondad en ti.

Cuando te sientas amado
de manera inefable por mi, comprenderás
que tienes que amar
como tú eres amado,
que estás "obligado"
a amar a todos mis hijos
con el mismo amor con el que ves
que yo te amo a ti.

Reconociendo mi amor por ti,
llegarás a comprender
que yo amo a tu prójimo
con ese mismo e inefable amor que tengo por ti,
y serás como un eco de mi amor.
No puedes, en modo alguno,
retribuirme el amor

que he prodigado en ti,
si no es siguiendo el camino
que te he dado;
sirviéndome a mí
mientras sirves al prójimo.

Te doy todas mis criaturas,
las que están lejos
y las que están cerca.

Asístelas con el mismo amor puro
con el cual yo te amo.

A lo largo del día

Ama tal como eres amado.

Deja de lado los miedos

Mi día está terminando

Sé tú mi amigo
en la oscuridad de esta noche.

Cuando me considero
tan infinitamente amado por ti,
necesito comprender que debo amar
tal como yo soy amado;
que estoy obligado a amar
a cada una de tus criaturas
con el mismo amor
con el que veo
que tú me amas a mí.

Tú me has amado aun
antes de que yo existiera,
y sabiendo esto,
pongo mi confianza en tu amor
y dejo de lado
todos los miedos.

Amén.

Deja de lado los miedos

Día nueve

Mi día comienza

DIOS HABLA...

La señal de una fe duradera
es la perseverancia en la oración.
El alma que tiene fe
nunca se vuelve atrás
por ninguna razón,
jamás deja de orar,
cumpliendo con sus deberes

y siempre con caridad,
porque el demonic
está especialmente activo
en los momentos de meditación
y contemplación.

Quiere que tu oración
te resulte tediosa,
tentándote con estas palabras:
"La meditación no es para ti.

Quédate sólo con oraciones vocales".

Hace esto para cansarte, para confundirte,
para tentarte a que abandones
tu meditación y tu contemplación.

Porque esa oración,
cuando se toma de la mano del amor,

cuando se abraza por libre elección,
y se hace en la luz de la fe,
es el arma mejor preparada para defender al alma
contra todo enemigo del espíritu.

Recuerda, pues,
que es por la humilde
y continua oración en la fe,
que el alma adquiere toda virtud,
con el tiempo y la perseverancia.

Ora siempre. Persevera.

No abandones la oración, cayendo en la tentación
de las ilusorias palabras del demonio,
ni tampoco la dejes
por tu propia fragilidad.

A lo largo del día

Ora siempre.

Deja de lado los miedos

Mi día está terminando

Sé tú mi amigo
en la oscuridad de esta noche.

En este silencio
confieso que me canso fácilmente,
que, a veces, la oración me resulta tediosa,
incluso inútil,
y me siento
listo a abandonar tu presencia.

No permitas
que me rinda por la confusión,
al contrario,

haz que la tome con amor,
que la abrace con libertad,
en la luz de la fe,
en la verdad de que no estoy
orando solo.

Tú me has amado
aun antes de que existiera,
y sabiendo esto,
pongo mi confianza en tu amor
y dejo de lado todos los miedos.

Amén.

Día diez

Mi día comienza

Dios habla...

La oración que sólo consiste
en repetir palabras
y no es un acto de amor,
es de poco alimento para el alma,
y de escaso sustento
para hacer perdurar la pasión.

No es suficiente
recitar un salmo o un Padrenuestro
descuidadamente,
y luego seguir el camino
confiando sólo en el hecho
de repetir esas palabras.

Ese solo hecho no es fructífero.

¿Quiero decir con esto
que debes abandonar esa oración?
Por supuesto que no.

Tu alma crecerá por grados,
y así como al comienzo
el alma es imperfecta,
así lo será tu oración también.

Deja de lado los miedos

Continúa orando
con palabras conocidas
y llévalas a la meditación.

Mientras las recitas,
levanta tu corazón hacia mí.

Recuerda mi amor
y tu propia imperfección,
de modo que,
en este conocimiento propio,
puedas reconocerme
y responder con humildad
a mi presencia en tu vida.

A lo largo del día

No se ora sólo con palabras.

Deja de lado los miedos

Mi día está terminando

Sé tú mi amigo en la oscuridad de esta noche.
Mientras está anocheciendo,
sé que no es suficiente
murmurar palabras conocidas,
recitar un salmo o un Padrenuestro
sin reflexionar,
y luego
irme a dormir confiando
que sólo basta con repetir esas palabras.
Por eso, eleva mi mente y mi corazón hacia ti,
recuérdame tu amor,

tu presencia que me sostiene
y me da la vida,
recuérdame el hecho de que
tengo mucho más
que palabras conocidas;
te tengo a ti.
Tú me has amado
aun antes de que yo existiera,
y sabiendo esto,
pongo mi confianza en tu amor
y dejo de lado todos los miedos.

Amén.

Deja de lado los miedos

Día once

Mi día comienza

DIOS HABLA...

Desde el principio
los he creado
a mi imagen y semejanza,
para que tengan vida eterna
participando de mí
y para que puedan gustar de mi dulzura
y bondad eternas.

Pero el camino que les tracé
fue quebrantado
tan a fondo por el pecado
y la desobediencia de Adán,
que nadie podía
alcanzar la vida eterna
a la que yo los había destinado.

Inmediatamente
comenzó una guerra
de la carne contra el espíritu.

Toda la naturaleza se rebeló.

Se originó un tempestuoso diluvio
que hasta este día
los golpea con sus corrientes,
abrumándolos

con la fatiga del mundo,
de la carne y del demonio.

Podrían ahogarse en ese diluvio,
ya que nadie puede alcanzar la vida eterna
con su propia virtud.

Pero mi Hijo es el mediador,
para que no se ahoguen;
un mediador que acerca
el cielo y la tierra,
y constituye la unión
que yo he fraguado
con la humanidad,
y contigo personalmente.

A lo largo del día

Tú necesitas no ahogarte...

Mi día está terminando

Sé tú mi amigo
en la oscuridad de esta noche.

Desde el comienzo me has creado
a tu imagen y semejanza,
para que yo pueda tener vida eterna
participando de ti,
gustando de tu dulzura
y de tu bondad eternas.

Pero caminamos
por una senda quebradiza
en limbos rotos.

No puedo alcanzar
la vida eterna sin ti.

No puedo ir solo.

Sé tú mi compañero,
mi guía, mi fortaleza.

Tú me has amado
aun antes de que yo existiera,
y sabiendo esto,
pongo mi confianza en tu amor
y dejo de lado todos los miedos.

Amén.

Día doce

Mi día comienza

DIOS HABLA...

He tendido un puente
por medio de mi Palabra,
mi unigénito Hijo.

Él reconstruyó el camino
entre el cielo y la tierra,
ese camino que se había quebrado
con el pecado y la desobediencia de Adán.

Si alguna vez habrías de pasar
por la amargura del mundo
para llegar a la vida, era necesario
construir un puente
que uniera tu humanidad
con mi divinidad.

No podía ser sólo
de naturaleza humana,
porque la naturaleza humana
no sería lo suficientemente capaz
de reparar la ruptura causada
por el pecado de Adán.

Yo necesitaba,
para unir mi divinidad
con tu naturaleza humana,

Deja de lado los miedos

crear un "puente"
y reconstruir el camino
entre el cielo y la tierra.

Pero que te quede
muy clara una cosa:
para que tú alcances la vida,
no es suficiente
que yo haya construido este puente;
tú debes atravesarlo.

A lo largo del día

Yo he tendido un puente
entre el cielo y la tierra.

Deja de lado los miedos

Mi día está terminando

YO RESPONDO...

Sé tú mi amigo
en la oscuridad de esta noche.

Estoy cerca de ti
en la medida en que puedo,
por mi corazón temeroso.

Estoy aquí,
en la base del puente
que tú has construido entre nosotros,
entre el cielo y la tierra,
entre tu divinidad y mi frágil
y complicada humanidad.

Dame tu mano.
Llévame hacia adelante.
Fortalece mis pasos vacilantes,
dame constancia
para que no desfallezca
mi confianza en ti.
Tú me has amado
aun antes de que yo existiera,
y sabiendo esto,
puedo confiar en tu amor
y dejar de lado todos los miedos.
Amén.

Deja de lado los miedos

Día trece

Mi día comienza

DIOS HABLA...

Hay dos caminos,
y ambos son arduos para recorrer.
Está el camino del río
y también el del puente
que yo he construido
para cruzar ese río.

Es extraño que muchos aún
prefieran ir por el agua,
precisamente cuando he construido
ese puente para ellos,
un puente que les ofrece deleite,
donde todo lo que es amargo se vuelve dulce,
y todo peso se aliviana.

Los que cruzan las aguas de la vida
tomando el camino del puente,
ven la luz,
aun cuando todavía permanecen
en la oscuridad de lo mortal.

En lo que es mortal,
ya saborean la inmortalidad;
en donde hay cansancio,

Deja de lado los miedos

reciben el descanso que necesitan,
cuando lo necesitan, en mi nombre.

No hay palabras adecuadas
para describir el gozo que experimentan
aquellos que eligen el camino del puente.

Mientras están aún en esta vida,
ellos gustan ya y participan
en el bien que ha sido preparado
para ellos en el futuro.

Está claro que serías muy tonto
si rechazas un bien tan grande
y eliges andar por un camino bajo,
con grandes dificultades,
sin descanso ni provecho.

A lo largo del día

Siempre hay dos caminos...

Deja de lado los miedos

Mi día está terminando

Sé tú mi amigo
en la oscuridad de esta noche.

Es muy extraño que,
pese a la fe que profeso,
muchas veces prefiero
tomar el camino más arduo,
luchando con peligrosas corrientes,
arriesgándome
en los bancos de arena,
antes que cruzar por ese puente
que tú has construido para mí.

Señálame otra vez el puente.

Haz que pueda experimentar la luz
en la oscuridad de mis días,
el sabor de la inmortalidad,
un momento de descanso
en tu presencia.

Tú me has amado
aun antes de que yo existiera,
y sabiendo esto,
pongo mi confianza en tu amor
y dejo de lado todos los miedos.

Amén.

Día catorce

Mi día comienza

DIOS HABLA...

Yo soy tu Dios,
el que no se mueve,
el que no cambia.
Yo no desprecio a ninguno
que quiera venir hacia mí.
Te he mostrado mi verdad,
me he hecho visible.

Te he demostrado los peligros que hay
en amar cualquier cosa
que pueda excluirme a mí.

Pero muchos aún
viven en la niebla
de amores equivocados,
sin conocerse ni a ellos mismos
ni a mí.

Eligen morir de hambre,
en lugar de aceptar,
en el tiempo de esta vida,
la necesaria negación de sí mismos.

Nadie puede pasar por esta vida
sin una cruz,

Deja de lado los miedos

y mucho menos
los que eligen caminar sin mí.

La vida es un río tempestuoso,
cargado de corrientes traicioneras.

Están los que piensan
que pueden esquivar el dolor,
que sólo se ocupan de sí mismos,
que me dan vuelta la espalda
y se ahogan.

Pero yo te he dado un puente,
mi Hijo crucificado,
que tú no debes dejar de lado.

A lo largo del día

Te he dado un puente.

Deja de lado los miedos

Mi día está terminando

Sé tú mi amigo
en la oscuridad de esta noche.

Tú me has mostrado tu verdad.

Tú te has hecho visible
y me has mostrado lo que es amar
algo fuera de ti.

Pero, en realidad,
aún vivo en la niebla
de amores equivocados,
y no llego a conocerme
ni a mí mismo ni a ti.

Elijo morir de hambre,
en lugar de aceptar
pasar el tiempo de esta vida,
negándome a mí mismo
en lo necesario.

Tú me has amado
aun antes de que yo existiera,
y sabiendo esto,
pongo mi confianza en tu amor
y dejo de lado todos los miedos.

Amén.

Día quince

Mi día comienza

DIOS HABLA...

Vuélvete donde quieras;
no encontrarás nada más
que mi misericordia.

Yo llego a todos mis hijos,
tanto al pecador como al santo.

A aquellos que me abandonan
en su maldad,
cuando vuelven, les digo:
"No guardo las ofensas
que me has hecho
recordándolas."

Imita mi amor.

Ora igualmente
por los que se han convertido
como por los que aún
me persiguen,
para que yo tenga
misericordia de ellos.

Mi misericordia
sobrepasa el pecado y la muerte.

Doy la luz y la vida
al justo como al injusto.
En lo alto del cielo,
mi misericordia
brilla en los santos.
En las profundidades
del lugar de los muertos,
la misericordia templa la justicia.
La misericordia es el lenguaje
con el que te hablo en la tierra.

A lo largo del día

Dondequiera que estés, encontrarás mi misericordia.

Deja de lado los miedos

Mi día está terminando

YO RESPONDO...

Sé tú mi amigo
en la oscuridad de esta noche.

Plenifica el silencio
con tu misericordia.

Haz que la vea
en cualquier lugar
donde mire,
hasta que comprenda
que, sobre todas las cosas,
tengo que imitar esto de ti:
debo perdonar como he sido perdonado.

Así como yo anhelo
escucharlo de ti,
que otros oigan de mí:
"No recuerdo las ofensas
que me hayas hecho".

Tú me has perdonado
aun antes de que yo existiera,
y sabiendo esto,
pongo mi confianza en tu amor
y dejo de lado todos los miedos.

Amén.

Deja de lado los miedos

Día dieciséis

Mi día comienza

DIOS HABLA...

Si tienes en cuenta
mi misericordia,
no serás ruin contigo mismo
ni con tu prójimo.
Al contrario,
serás generosamente compasivo,

alentando a tu prójimo
con todo lo que tienes tú,
con todo lo que te he dado.

Actuar de otro modo
es ser miserable.

Es tener un corazón
lleno de avaricia,
sin capacidad de amar a nadie
por la excesiva preocupación
por uno mismo.

Los miserables se ocupan ante todo
de su propio prestigio,
buscando constantemente
obtener ventajas,
en lugar de servir al prójimo.

Deja de lado los miedos

Los miserables dicen una cosa
y hacen otra
y son incapaces de gozar
con el bien ajeno
e incluso con el propio.

Los miserables,
en lugar de ser
como un eco de mi generosidad,
toman lo que es de aquellos
que no tienen nada.

Los miserables
no pueden sacrificar su alma por otros
porque son incapaces de dar
de aquello que les he dado yo.

A lo largo del día

Sé generoso con mis dones.

Deja de lado los miedos

Mi día está terminando

YO RESPONDO...

Sé tú mi amigo
en la oscuridad de esta noche.

No puedo encontrarte
ni tenerte conmigo,
aferrándome ávidamente
a los dones
que tú me has prodigado
en mi vida.

Para expandirlos
debo darlos.

Para tenerte a ti
debo dejar que tus dones
salgan de mí.

Mi generosidad debe ser
semejante a la tuya.

Todo el mundo
debe confiar en mi amor.

Tú me has amado
aun antes de que yo existiera,
y sabiendo esto,
pongo mi confianza en tu amor
y dejo de lado todos los miedos.

Amén.

Deja de lado los miedos

Día diecisiete

Mi día comienza

Dios habla...

Si tú deseas elevarte
de una vida de imperfección,
debes, como los apóstoles,
prepararte para la venida
del Espíritu Santo.

Permanece aguardando
y persevera

en una oración humilde
y continua.

Cuando estés preparado,
mi Espíritu descenderá sobre ti,
como lo hizo con los apóstoles
que esperaban
con fe expectante
en el cenáculo.

Te será concedido el coraje
de dejar tu casa de refugio
en la oración
y de anunciar intrépidamente al mundo,
lo que has llegado a saber
de mi verdad y de mi amor,
sin miedo al dolor y al repudio,

y viendo la gloria
en todo cuanto te suceda.

Te daré una caridad ardiente,
lo suficientemente fuerte
como para sobrepasar los miedos,
tu apego a lo más fácil,
y todas las tentaciones del demonio.

Conociendo el "sabor"
de mi caridad en ti,
podrás crecer tú
y hacer nacer esta misma caridad
en tus prójimos.

Porque no puedes amarme sin amar a tu prójimo,
ni puedes amar al prójimo si no me amas a mí.

A lo largo del día

Espera en mi amor.

Deja de lado los miedos

Mi día está terminando

Sé tú mi amigo
en la oscuridad de esta noche.

No dejes que crezca
acostumbrándome a la comodidad
y a la tranquilidad.

Recuérdame que el aquí y el ahora,
son sólo un lugar de espera,
y sólo cuando esté preparado,
tú me enviarás tu Espíritu
como lo hiciste con los apóstoles.

Dame,
como les diste a ellos,
el coraje de dejar
este lugar de refugio,
y sin temor,
poder anunciar al mundo
todo lo que conozco
de tu verdad y de tu amor.

Tú me has amado
aun antes de que yo existiera,
y sabiendo esto,
puedo confiar en tu amor
y dejar de lado todos los miedos.

Amén.

Día dieciocho

Mi día comienza

DIOS HABLA...

Aun el más mundano
rinde honor
y gloria a mi nombre
a causa de mi misericordia.
Mi amor paciente y abundante
brilla a través de ellos.

Así les doy tiempo
para que lleguen a conocerme.

No dispongo
que la tierra los devore
como castigo por sus pecados
y su indiferencia.

En relación con ellos,
no les retengo ni mi caridad, ni mi misericordia.

Es más, los espero,
ordenando que la tierra les dé luz y calor
y que el cielo se mueva sobre ellos.

Bendigo sus días
como bendigo a toda la creación.

Aun cuando ellos te persigan
por tu confianza en mí,

Deja de lado los miedos

aun así me sirven,
pues hacen brotar en ti,
tu más honda paciencia y caridad.

Así es como en ti,
su pecado se convierte en alabanza
y gloria para mí.

Yo ofrezco mis dones igualmente a justos y pecadores.

A veces,
parece que soy más generoso
con el que es pecador,
pues privo a las personas buenas
de las cosas de este mundo,
para que puedan gozar
de las cosas del cielo.

A lo largo del día

Yo ofrezco mis dones igualmente...

Deja de lado los miedos

Mi día está terminando

Sé tú mi amigo
en la oscuridad de esta noche.

Llena estos momentos
de serenidad,
con tu misericordia.

Haz que tu amor
paciente y abundante,
ilumine la noche.

Bendíceme
con el tiempo que necesito
para conocerte y amarte mejor.

No retengas tu caridad
y tu misericordia,
ni conmigo
ni con ninguna de tus criaturas.

Cúbrenos a todos con tu luz
y con tu calor.

Bendícenos a todos,
pecadores y justos.

Tú me has amado
aun antes de que yo existiera,
y sabiendo esto,
pongo mi confianza en tu amor
y dejo de lado todos los miedos.

Amén.

Deja de lado los miedos

Día diecinueve

Mi día comienza

DIOS HABLA...

Yo doy mi luz al ciego,
para que vea,
y mi sabiduría
al ignorante.
Al intelectual
le doy la capacidad
de discernir mi verdad.

Envío el fuego de mi verdad,
que consume su oscuridad,
para arrojar una luz
que está más allá de lo natural,
para que, aun en la oscuridad,
puedan conocer mi verdad.

Incluso
aquello que a los más lerdos
les parecía oscuro,
lo ven con una luz perfecta.

Por el hecho de que
he dado a sus mentes
mi luz sobrenatural
y les he infundido mi gracia,
los Doctores y los Santos

han llegado a descubrir luz en la oscuridad,
y han aprendido incluso
a hacer luminoso
aquello que es oscuro.

Mi verdad,
me refiero a la Sagrada Escritura,
puede parecer oscura
y difícil de comprender,
pero no si se lee
a la luz de la fe en mí.

A lo largo del día

Lo que es oscuro
se vuelve pleno de luz.

Deja de lado los miedos

Mi día está terminando

Sé tú mi amigo
en la oscuridad de esta noche.

Tú estás aquí,
tú, en cuya presencia
se revela la luz en toda oscuridad;
tú, que nos enseñas
a hacer que toda oscuridad
se vuelva luz.

Envía tu luz que disipa la noche.

Tu luz, que da la vista
a los que caminan a ciegas

por nuestro camino,
y que van sin conocerte a ti,
ni conocer tu amor.

Tú me has amado
aun antes de que yo existiera,
y sabiendo esto,
pongo mi confianza en tu amor
y dejo de lado todos los miedos.

Amén.

Día veinte

Mi día comienza

Dios habla...

Muchos que son cultos,
no pueden reconocer
mi verdad en la Escritura
porque se acercan a ella con orgullo,
bloqueando su confianza
y dejando que las nubosidades

del amor propio
se interpongan entre ellos
y la verdad.

Toman la Biblia literalmente
en lugar de buscar su entendimiento.

Así sólo se quedan en la superficie,
y nunca alcanzan la sustancia.

Ellos se ciegan
ante la luz que se encuentra
y se explica en la Biblia
y murmuran que
demasiado trato con la Escritura
les resulta pesado y tonto.

Porque ellos han ignorado
y han perdido la luz sobrenatural

Deja de lado los miedos

y han rechazado mi Gracia,
no pueden ver mi Bondad
ni las gracias que mis servidores les ofrecen.

Es mejor para la salvación de tu alma,
que busques la guía de una persona santa,
recta, consciente,
más que la de una que sea orgullosa,
aun cuando sea muy culta.

Porque lo único que puede ofrecerte
es lo que tiene de sí misma,
incluso su oscuridad interior.

Hallarás lo contrario en mis servidores.

Ellos te ofrecerán la luz interior que tienen,
y también su ansia y deseo de tu propia salvación.

A lo largo del día

Busca a aquellos que llevan mi luz.

Deja de lado los miedos

Mi día está terminando

YO RESPONDO...

Sé tú mi amigo
en la oscuridad de esta noche.

En el silencio de esta noche,
haz que yo pueda
escuchar y comprender
las palabras que tú me hablas.

No permitas que las nubes del amor propio
se interpongan
enturbiando tu verdad.

Esto no es
una cuestión de cultura;

varios, muy cultos,
no pueden reconocer
tu verdad en la Biblia,
pues se acercan a ella con orgullo,
bloqueando así la verdad.

Se encuentran sólo a ellos mismos,
no tu luz, sino su oscuridad.

Ayúdame a encontrarte.

Tú me has amado
aun antes de que yo existiera,
y sabiendo esto,
pongo mi confianza en tu amor
y dejo de lado todos los miedos.

Amén.

Deja de lado los miedos

Día veintiuno

❀

Mi día comienza

Dios habla...

Es necesario
tener paciencia con los demás
y practicar continuamente
el amor del prójimo
y el verdadero conocimiento propio.

Sólo así
puede arder dentro de ti

el fuego de mi amor,
porque
el amor del prójimo
viene de mi amor;
y crece,
mientras tú aprendes
a conocerte a ti mismo
y a conocer mi bondad contigo.

Cuando comprendas
que te amo sin medida,
te verás movido
a amar a todos
con el mismo amor
con el que sabes
que tú eres amado.

Deja de lado los miedos

No puedes de ningún modo
"pagar" el amor que te tengo,
porque yo te he amado
sin ser amado por ti,
y te he creado
a mi propia imagen
y semejanza.

Pero sí puedes "pagarme"
este amor en mis hijos,
amando a tus prójimos,
sin que ellos
te hayan amado antes,
sin esperar
ninguna "paga" de ellos,
ni ahora ni en la eternidad.

A lo largo del día

Recuerda que eres amado.

Mi día está terminando

Sé tú mi amigo
en la oscuridad de esta noche.

En este lugar sereno,
lleno de la presencia
de todos tus hijos,
muéveme a amarlos a todos,
con el mismo amor
con el que sé
que tú me amas a mí.

Enciende un fuego de amor
dentro de mí,

que nazca de tu bondad conmigo,
que no pueda separarse
del amor por todos
los que tú traes contigo
en el silencio de esta noche.

Tú me has amado
aun antes de que yo existiera,
y sabiendo esto,
pongo mi confianza en tu amor
y dejo de lado todos los miedos.

Amén.

Día veintidós

Mi día comienza

DIOS HABLA...

El deseo que sientes
dentro de ti,
viene del amor
que yo he puesto en tu alma,
y jamás quedará satisfecho.

Cuanto más me ames,
menos te parecerá que amas.

Aun cuando fueran separados
tu cuerpo y tu alma,
ese deseo que sientes dentro de ti,
el ansia por mí
y por el bien de tu prójimo
nunca acabarán.

Te he fecundado con mi amor.

Tú me posees
sin ningún temor de perderme;
pero tu deseo de mí
nunca morirá.

Tu ansia es infinita
y todo lo que procede de esa ansia,

Deja de lado los miedos

–tu amor,
tus lágrimas,
tus esperanzas–,
se hacen infinitos,
y así deben ser
para sobrevivir
y verdaderamente
llegar a mí.

A lo largo del día

Tu deseo de mí,
nunca quedará saciado.

Deja de lado los miedos

Mi día está terminando.

Sé tú mi amigo
en la oscuridad de esta noche.
Ahora
en este lugar de paz,
sé que tú eres mío,
que no tengo que tener
miedo de perderte.
Pero mi hambre por ti crece,
y tanto se prolonga en mi amor,
que a veces me parece
que te amo menos que nunca.

Hazme quedar satisfecho,
sabiendo que nunca
podré satisfacer mi deseo,
que mi hambre por ti
nunca dejará de crecer,
ni ahora,
ni siquiera en el momento de morir.

Tú me has amado
aun antes de que yo existiera,
y sabiendo esto,
pongo mi confianza en tu amor
y dejo de lado todos los miedos.

Amén.

Día veintitrés

Mi día comienza

DIOS HABLA...

Si eres una persona sin mi luz,
estás también sin mi gracia.

No comprendes el mal
del pecado o su causa
y entonces ni puedes evitarlo,
ni de hecho lo evitas.

Ni siquiera sabrás
lo que es bueno,
lo que es virtuoso.

No puedes amarme
ni experimentar el deseo de mí,
ni practicar las virtudes
que son los "instrumentos"
de tu crecimiento espiritual.

Reconoce, pues,
cuán esencial
es mi luz dentro de ti.

Sin mi luz,
caminas a ciegas,
ignorando el pecado
y el mal que viene del pecado,

Deja de lado los miedos

ignorándome a mí,
y toda la vida que yo te doy
a través de las virtudes.

Caminas ignorando
tu propia dignidad.

Porque el pecado
es nada más que no saber
aquello que yo amo
y aquello que yo aborrezco.

Es amar lo que aborrezco
y aborrecer lo que yo amo.

Vivir en esta ignorancia,
vivir sin mi luz,
es la causa de todo el mal.

A lo largo del día

Mi luz está dentro de ti.

Deja de lado los miedos

Mi día está terminando

YO RESPONDO...

Sé tú mi amigo
en la oscuridad de esta noche.
Necesito no caminar a ciegas
a lo largo de mis días,
sin conocer propiamente
la diferencia entre el bien y el mal,
incapaz de amarte
o de desearte a ti.
Tú me has dado tu luz,
para que pueda ser consciente
de mi propia dignidad,

amando lo que tú amas,
odiando lo que tú odias.

No permitas
que viva en la ignorancia,
sino ilumina mi alma
con tu verdad,
mi camino con tu amor.

Tú me has amado
aun antes de que yo existiera,
y sabiendo esto,
pongo mi confianza en tu amor,
y dejo de lado todos los miedos.

Amén.

Día veinticuatro

Mi día comienza

DIOS HABLA...

En el ejercicio
del crecimiento espiritual,
tendrás la tentación
de buscar la consolación
y no los esfuerzos.

Fácilmente te ilusionarás
con estos consuelos,
pensando que no es
un acto de egoísmo,
sino un intento
de complacerme más,
teniéndome más en cuenta.

Pero es una senda problemática,
concebida en el amor propio.

Esta manera de pensar no es humilde,
sino presuntuosa.
Soy yo el que pongo
las condiciones,
el tiempo y el lugar
de tus consolaciones y tribulaciones.

Deja de lado los miedos

Soy yo quien
determino todo lo necesario
para la salvación de tu alma.

Nunca olvides que yo soy
el que te da todo,
por el amor que te tengo,
y debes recibir mis dones
con amor y reverencia.

Sólo haciéndolo así,
podrás crecer.

A lo largo del día

Recibe mis dones con reverencia.

Mi día está terminando

YO RESPONDO...

Sé tú mi compañero
en la oscuridad de esta noche.
Es tentador,
pedirte que llenes esta noche
y los días próximos
con la amable calidez de tu presencia.
Es difícil aceptar
que tú pones las condiciones,
el tiempo y el lugar
tanto para la consolación
como para la tribulación,

para todo lo necesario
para la salvación de mi alma.

Es duro renunciar
a los consuelos del amor
del que dependo totalmente.

Pero debo renunciar.

Tú me has amado
aun antes de que yo existiera,
y sabiendo esto,
pongo mi confianza en tu amor
y dejo de lado todos los miedos.

Amén.

Día veinticinco

Mi día comienza

Dios habla...

La señal de que esperas en mí
y no en ti mismo,
es que no te acercas a mí
viviendo tu vida
en temor servil.

Si estás siempre temeroso,
con miedo hasta de tu propia sombra,

preocupado porque la tierra
y el cielo desaparecerán,
es señal de que solo
confías en ti mismo.

Dependiendo de tus propios
y limitados recursos,
pasarás tus días adquiriendo
y atesorando
una multitud de cosas mundanas,
poniendo tu confianza en ellas
y dándome la espalda.

Recuerda que sólo yo
puedo proveerte
de todo lo necesario
para tu alma y para tu cuerpo.

Deja de lado los miedos

Por cierto,
soy pródigo con mis dones
en proporción directa
a la esperanza
que tú pones en mí.

Yo soy el que soy.

Tú no eres nada por ti mismo.

Has recibido el ser
y todas las otras gracias,
de mi bondad.

"En vano vigilan los centinelas de la ciudad
si no soy yo el que la cuida" (Cfr. Sal 126, 1).

A lo largo del día

Tú no eres nadie por ti mismo.

Deja de lado los miedos

Mi día está terminando

YO RESPONDO...

Sé tú mi amigo
en la oscuridad de esta noche.

En este momento que pasa,
confío plenamente en ti.

Pero muy a menudo,
sólo confío en mí
y me encuentro,
frente a la noche y a cada nuevo día,
temeroso de mi propia sombra,
esperando que la tierra se abra
o que el cielo se derrumbe.

Paso mis días adquiriendo
y atesorando
una multitud de cosas mundanas,
poniendo mi confianza en ellas,
dándote la espalda,
sin confiar en ti,
olvidando que tú solo puedes darme
todo lo que necesito.

Tú me has amado
aun antes de que yo existiera,
y sabiendo esto,
pongo mi confianza en tu amor
y dejo de lado todos los miedos.

Amén.

Día veintiséis

Mi día comienza

DIOS HABLA...

Te esfuerzas por sufrir
a causa de tus propios pecados
y de los pecados del mundo.

Pero debes saber esto:
ningún sufrimiento, ningún dolor por sí mismo
puede reparar ni la más pequeña falta.

La culpa y el castigo
que merece el pecado,
sólo pueden ser satisfechos
por el deseo de tu alma.

El verdadero dolor
no se encuentra
en el sufrimiento que termina,
sino en el deseo infinito,
en el amor infinito
y en el infinito pesar.

Unidos al deseo interminable
y al amor que no tiene medida,
todo dolor, todo sufrimiento,
ya sea espiritual o físico,
sea cual sea su origen,

Deja de lado los miedos

se hace infinitamente digno
y satisface la pena infinita que merece el pecado.

Cuanto más esté tu vida plena de este deseo,
y tú aceptes el sufrimiento con deseo y contrición,
tu dolor vale la pena.

A esto se refiere san Pablo cuando dice:
"Aunque hablara
las lenguas de los hombres y de los ángeles ...
Aunque tuviera el don de profecía
...y entregara mi cuerpo a las llamas,
si no tengo caridad,
nada me aprovecha" (1Cor 13, 1-3).

Solamente cuando nuestros trabajos pasajeros
son ofrecidos y sazonados con el amor,
se hacen dignos.

A lo largo del día

El sufrimiento
debe ser sazonado con el amor.

Deja de lado los miedos

Mi día está terminando

YO RESPONDO...

Sé tú mi amigo
en la oscuridad de esta noche.

Al final de este día,
no puedo ofrecerte oraciones
dichas por la lengua de un ángel,
un alma con el don de profecía
o una vida martirizada
por tu nombre.

Pero esto no importa.

Sin amor
no son cosas dignas de ti.

Tú no buscas
el sufrimiento interminable,
sino el deseo infinito,
el amor sin medida.

Te ofrezco lo que tengo,
lo poco que soy.

Tú me has amado
aun antes de que yo existiera,
y sabiendo esto,
pongo mi confianza en tu amor
y dejo de lado todos los miedos.

Amén.

Día veintisiete

Mi día comienza

DIOS HABLA...

Al alma naturalmente le agrada lo bueno,
aunque fácilmente queda cegada
por el amor propio,
y falla en el discernimiento
de lo que es bueno
y valioso
para el alma y para el cuerpo.

El demonio sacará
ventaja de tu ceguera,
y pondrá delante de ti
un banquete con sus delicias,
presentándotelo como algo
bueno para ti.

Para cada persona
él elige aquello
que más llama la atención
de su debilidad personal,
de acuerdo con el momento particular
de la vida de cada uno.

El demonio te dará
una invitación para tu muerte,
disfrazándotela de vida.

Él intentará enredarte
con anzuelos cuyo cebo
son las promesas del placer
y el éxito mundano,
porque sólo si tú crees
que te espera algo bueno,
permitirás que él te atrape.

Te lo digo así,
para que no elijas la muerte
pensando que es vida.

A lo largo del día

Ten cuidado de la muerte
que se te presenta
enmascarada como vida.

Deja de lado los miedos

Mi día está terminando

Sé tú mi amigo
en la oscuridad de esta noche.

Te necesito a mi lado
durante esta noche
y durante todos los días.

Soy fácilmente engañado
y caigo víctima
de las mil muertes
que confundo con la vida.

Necesito tu ayuda
para reconocer la diferencia

entre tu don de vida
y el banquete de placeres de la vida
puestos ante mí.

Tú me has amado
aun antes de que yo existiera,
y sabiendo esto,
pongo mi confianza en tu amor
y dejo de lado todos los miedos.

Amén.

Día veintiocho

Mi día comienza

DIOS HABLA...

¿Sabes cuál es la bendición especial
de los que me siguen?
Es tener cumplido, su más hondo deseo.
Y desde el momento
en que es a mí a quien desean,
ya me tienen.

Ellos van más allá del cuerpo
y de sus exigencias
que se oponen al espíritu,
y de todo aquello
que se interpone
entre ellos y la verdad,
de todo lo que les impide verme.

Con el tiempo,
el alma se verá libre
del peso del cuerpo
y su deseo será realizado,
me verán cara a cara.

La visión será su gozo esencial.

Viéndome me conocerán
y conociéndome me amarán,

y en mi amor ellos podrán gustar
mi eterna y suprema bondad.

Esta vida, este deseo,
esta posesión,
este amor, esta visión,
este tenerme, este gozo,
comienza aquí y ahora,
para aquellos que tienen
deseo de mí.

A lo largo del día

El cielo comienza aquí.
El cielo comienza ahora.

Deja de lado los miedos

Mi día está terminando

YO RESPONDO...

Sé tú mi amigo
en la oscuridad de esta noche.
Tú me has prometido
que si de veras te deseo
te tendré,
que es posible
no detenerse
en el cuerpo
y sus necesidades,
en las leyes
que se oponen al espíritu,

en todo lo que se interpone
entre nosotros y la verdad
y en todo lo que nos impide verte.

Me apoyo en tu promesa.

Tú me has amado
aun antes de que yo existiera,
y sabiendo esto,
pongo mi confianza en tu amor
y dejo de lado todos los miedos.

Amén.

Deja de lado los miedos

Día veintinueve

Mi día comienza

DIOS HABLA...

Los que durante su vida
han hablado palabras de paz,
en su muerte,
recibirán lo que yo prometo:
una eternidad de paz,
de tranquilidad
y un cese de toda fatiga

que no acabará ya,
un bien inconmensurable,
el valor de lo que no se puede medir.

Sólo yo puedo apreciar
y comprender
el gozo que les espera.

Compartiré con ellos
todo lo bueno que soy.

No los dejaré vacíos,
sino que les daré
una felicidad perfecta
en la eternidad.

Espero que tú vengas
hacia mí,
con la luz de la fe

Deja de lado los miedos

encendida en tu alma,
con ardiente caridad,
con tu espíritu
vivificado en la paciencia,
la fortaleza, la perseverancia
y todas las otras virtudes.

Yo te reservo mi promesa
de la paz eterna.

A lo largo del día

Yo guardo mis promesas.

Deja de lado los miedos

Mi día está terminando

YO RESPONDO...

Sé tú mi amigo
en la oscuridad de esta noche.

Pon palabras de paz
en mi corazón
y en mis labios,
esta noche, mañana,
y todos los días de mi vida.

Tú solo conoces el gozo
que espera al alma pacífica,
el bien que tú eres en ti mismo
y que compartirás conmigo.

No me dejes vacío.

Bendice mi eternidad
con el gozo perfecto
que tú prometes.

Tú me has amado
aun antes de que yo existiera,
y sabiendo esto,
pongo mi confianza en tu amor
y dejo de lado todos los miedos.

Amén.

Día treinta

Mi día comienza

HABLA CATALINA...

Trinidad eterna,
tú me has creado.
Soy el trabajo
de vuestras manos
y sé cuán enamorados
estáis de vuestra obra.

Oh Abismo,
oh Divinidad,
oh Mar Profundo,
que puedes darme aun más
de cuanto ya me has dado,
porque te has entregado a mí,
tú mismo.

Eres un fuego que me quema dentro,
que consume mi amor propio,
un fuego que quita el frío de mi corazón.

Eres la luz que ilumina mi alma con tu verdad,
la luz que enciende una fe fuerte, constante
y perseverante.

Eres como las aguas claras
de un mar lleno de dulces secretos,

Deja de lado los miedos

un espejo encantador
cuyo interior me invitas a mirar,
para verme a mi mismo como tu criatura,
a ti en unión con mi humanidad.
¡Hermosura sobre toda hermosura!
¡Sabiduría sobre toda sabiduría!
¡Sabiduría misma!
¡Alimento de los ángeles!
¡Fuego de amor por el hombre!
¡Un vestido para cubrir nuestra desnudez!
¡Dulce alimento para nuestras ansias!
Revísteme de tu verdad,
para que pueda terminar mis días
en la obediencia verdadera y en la luz de la fe.

A lo largo del día

Reviste mi desnudez con tu verdad.

Deja de lado los miedos

Mi día está terminando

Yo respondo...

Sé tú mi amigo
en la oscuridad de esta noche.

No puedo ir a ti
con el alma de Catalina.

Soy como soy,
una débil criatura,
un alma pequeña, limitada a las palabras
que nunca encierran del todo
la profundidad de mi ansia.

Vengo a ti
necesitado de tu sabiduría,

pero lleno de esperanza;
desnudo y hambriento,
pidiéndote que me vistas,
esperando que tú me alimentes.

Tú me has amado
aun antes de que yo existiera,
y sabiendo esto,
pongo mi confianza en tu amor
y dejo de lado todos los miedos.
Amén.

Deja de lado los miedos

Una última palabra

Este libro es una puerta a la experiencia espiritual y a la sabiduría de una maestra que te abre tu propio camino espiritual. Es una oportunidad de compartir el diálogo entre Catalina y Dios.

Ahora, llega el momento de unirte a Catalina en una palabra final de agradecimiento a Dios, por su compañía en esta senda que hemos transitado.

Gracias, Padre eterno, gracias.
Tú no me has abandonado a mí, que soy la obra de tus manos.
Tú no me has dado vuelta la cara,
ni has despreciado mis sentimientos.
Tú que eres la luz, has aceptado mi oscuridad.
Tú, el gran médico, has sanado mis enfermedades.
Tú que eres la vida, no me has dejado morir.
Tú que eres la sabiduría, no te has ido a causa de mi necedad.
Tú, al contrario, me has rodeado
de tu bondad y de tu amable misericordia,
y me has nutrido
con el amor por ti y por el prójimo.
Gracias, Padre eterno, gracias.
Amén.